Dr. Hans-Georg Mayer-Stein

MERCEDES PKW UND LKW

Dr. Hans-Georg Mayer-Stein

MERCEDES PKW UND LKW 1935–1945

DÖRFLER ZEITGESCHICHTE

Genehmigte Lizenzausgabe für „Edition DÖRFLER" im
NEBEL VERLAG GmbH, Eggolsheim

1 2 3 4 5   7 6 5 4 3

INHALT

Dr. Hans-Georg Mayer-Stein

MERCEDES PKW
1935–1945

LITERATURÜBERSICHT

Frank, Reinhard: "Personenkraftwagen der Wehrmacht",
Friedberg/Hessen 1993
Kosche, Ludwig: "Erbeutet, beschlagnahmt, gefunden -
Schicksale der Beute-Autos von 1945" in: "Automobil und
Motorrad-Chronik", Hefte 2/85 und 4/85

BILDQUELLEN

Der Verfasser bedankt sich für die Bereitstellung von Fotos
bei den Herren Uwe Heintzer von Daimler-Benz-Archiv
(Stuttgart), Siegfried Bunke (Duisburg) und Henry Hoppe
(Berlin).
Weitere Bildquellen: Archiv des Verfasers und des Verlags.

Ein 170 VK auf einer russischen Rollbahn, dahinter ein schwerer Einheits-PKW und ein russischer GAZ ("Russen Ford").

Ehrensalve für einen gefallenen Kameraden. Die Kolonne der Division "Das Reich" mit dem vorausfahrenden Mercedes-Kübelwagen muß warten.

MERCEDES - PKW
Kübelwagen bei der Reichswehr und der Wehrmacht 1933-1945

In den zwanziger Jahren mußte sich die Führung der Reichswehr mit handelsüblichen Personenwagen zufriedenstellen, da nach dem verlorenen Ersten Weltkrieg die Konstruktion spezieller Militärfahrzeuge von den Siegermächten verboten war. Hinzu kam, daß infolge der katastrophalen Inflation die Finanzlage sowohl der Reichsregierung wie bei den Automobilfirmen sehr angespannt und an die Entwicklung besonderer Geländewagen kaum zu denken war.

Die Reichswehrstellen entschieden sich für Fahrzeuge der mittleren Hubraumklasse, weil die Anschaffungs- und Unterhaltungskosten gering waren, der Kauf also wirtschaftlich sinnvoll schien. Völlig unverändert - wenn man einmal von der Lackierung mit Tarnfarben absieht - wurden von den Herstellern nur geschlossene PKW übernommen. Aber die militärischen Dienststellen bevorzugten natürlich offene Wagen, bei denen rasches Einsteigen oder Abspringen möglich ist. Deshalb kam es bei der Reichswehr zur Einführung sogenannter Gelände-PKW: Wagen mit offenen Aufbauten auf der Basis handelsüblicher Personenwagen. Von BMW, Hanomag, Horch, Mercedes, Wanderer und anderen wurden solche "Kübelwagen" gebaut, die ihren kuriosen Namen von der merkwürdigen Schalenform der Sitze haben.

Um diese schlichten PKW für den militärischen Einsatz zu präparieren, wurden in der Regel am Fahrwerk einige Veränderungen vorgenommen (verstärkte Federn, Sperrdifferential). Zum Schutz gegen die Unbilden der Witterung gab es nur ein simples Zeltplanverdeck und aufrollbare Seitenplanen anstelle von festen Türen.

Die Entwicklung und Konstruktion der Kübelwagen erfolgte in Zusammenarbeit von Reichswehr und Kfz-Herstellern. Die meisten Autofirmen lieferten Fahrgestelle, auf die von speziellen Karosseriebauern die Aufbauten gesetzt wurden. Daimler-Benz, Horch und Wanderer bauten komplette Kübelwagen. Die militärischen PKW wurden in drei Gewichts- und Hubraumklassen eingestellt: Zu den leichten geländegängigen PKW zählten der Mercedes 170 V und der VW-Kübel, der sich am brauchbarsten erwies und stückzahlmäßig alle anderen vergleichbaren Typen überholte. In der mittleren Klasse waren u.a. die Mercedes Stuttgart 8/38 und 10/50, die Typen 260 und 290 angesiedelt. Zu den schweren geländegängigen PKW gehörte der Mercedes 1500 A, von dem es auch eine LKW-Version gab.

Mitte der dreißiger Jahre gab es im PKW-Bestand des Heeres eine fast unübersehbare Vielfalt von Typen: Einmal, weil die Reichsregierung die durch Inflation und Weltwirtschaftskrise schwer getroffene deutsche Automobilindustrie unterstützen und dabei möglichst viele Firmen berücksichtigen wollte. Da man auf solche Wagen zurückgreifen mußte, die im regulären Verkaufsprogramm waren, das nun auch einem ständigen Modellwechsel unterliegt, ergab sich daraus ein buntes Durcheinander der unterschiedlichsten Fahrzeuge. Hinzu kommt, daß die Kommandeure der Wehrkreise freie Entscheidung hatten und ortsansässige Firmen bevorzugten (z.B. Stoewer in Stettin).

Das schon lange anvisierte Ziel eines standardisierten Einheits-PKWs wurde nach 1933 in Angriff genommen. Vom Heereswaffenamt wurden als besondere Eigenschaften gefordert: Allradantrieb, Differentialsperre, Getriebeuntersetzung, Allradlenkung, hohe Bodenfreiheit, gute Watfähigkeit. Die drei verschiedenen Einheits-PKW in der leichten, mittleren und schweren Klasse, die schließlich in Produktion gingen, konnten freilich die in sie gesteckten Erwartungen nicht erfüllen: hohe Herstellungskosten, hoher Wartungsaufwand

und Benzinverbrauch, hohe Reparaturanfälligkeit. Als Alternative zu den in Gemeinschaftsarbeit konzipierten und produzierten Einheits-PKW wurde von Mercedes-Benz die Baureihe 170 VG/VL bzw. G 5 geschaffen. Vom 170 VG unterschied sich der VL durch die Vierrad-Lenkung. In den Jahren 1935 und '36 wurden nur sehr wenige Exemplare an die Wehrmacht abgegeben. Als Weiterentwicklung erschien 1937 der G 5 mit neuem Rahmen, Fahrwerk, Motor und drei Speerdifferentialen. Da inzwischen der mittlere Einheits-PKW in größerer Stückzahl gebaut wurde, fand die G 5-Konstruktion bei der Wehrmacht nur geringes Interesse. Um auf größere Stückzahlen zu kommen, wurde der G 5 1938 als luxuriöser "Kolonial- und Jagdwagen" der Öffentlichkeit angeboten - rückblickend kann man ihn als Vorläufer der heutigen Luxus-Geländewagen ansehen. Damals freilich hielt sich die Kauflust in Grenzen und so wurden letztlich nur 378 Wagen gebaut. Die Produktion wurde 1941 kriegsbedingt eingestellt.

Der Mercedes 170 V mit Kübelwagenaufbau ging ab 1940 in beträchtlicher Stückzahl an die Truppe und ersetzte den leichten und mittleren Einheits-PKW, die sich als Enttäuschungen erwiesen. Keine Frage, der 170 VK war robust und zuverlässig, auch in den Gestehungskosten billiger als die Einheitskonstruktionen, aber für den militärischen Einsatz letzten Endes ungeeignet: geringe Bodenfreiheit, Heckantrieb, hohes Gewicht. Mit knapp mehr als 19 000 Exemplaren war er der meistgebaute Mercedes-PKW für die Wehrmacht. Als ab 1942 der viel bessere VW-Kübelwagen in größeren Mengen zur Verfügung stand, wurde die Produktion eingestellt. Schon ein einfacher Vergleich zeigt, daß der Volkswagen-Kübel den anderen Konstruktionen überlegen war:

	Einheits PKW leicht	mittl.	170 VK	VW Kübel
Gewicht (kg)	1 775	3 750	1 235	725
Bodenfreiheit (mm)	235	250	200	290
Benzinverbrauch (L)	17-25	25	13	8

Man sieht: Der Volkswagen konnte gegenüber seinen Mitstreitern sein Leichtgewicht, die hochbeinige Bauart und die bekannten VW-Vorteile ausspielen: Heckantrieb belastet durch Motor, Luftkühlung und Ölkühler (günstig bei extremen Klimaten, wie auf dem afrikanischen und russischen Kriegsschauplatz).

Allen Produktionssteigerungen und Anstrengungen zum Trotz herrschte im Deutschen Reich während des Krieges ein chronischer Fahrzeugmangel - selbst dann, als der VW-Kübel als universales leichtes Einsatzfahrzeug in größeren Mengen zu den Truppen kam. Ein Vergleich zwischen der deutschen und der amerikanischen Produktion zeigt drastisch die Schwächen der deutschen Motorisierung: Während im Reich 52 000 VW-Kübel vom Band in Wolfsburg an die Front rollten, bauten die Amerikaner 665 000 Jeeps. Die triste Bilanz sieht kaum anders aus, wenn man noch die 19000 170 V-Kübelwagen, rund 15 000 VW-Schwimmwagen, 27 000 mittlere und 14 000 leichte Einheits-PKW hinzurechnet, zumal letztere wegen ihrer hohen Reparaturanfälligkeit rasch ausfielen.

Im Auftrag der Reichswehr konstruierten verschiedene deutsche Automobilhersteller, Daimler-Benz, Horch, Magirus und Selve, geländegängige Dreiachskübelwagen. Obwohl der Horch 8 bei der Reichswehrführung Zustimmung fand, wurde er nur in ganz geringer Stückzahl eingeführt. Daimler-Benz entwickelte zunächst den Geländewagen G 1 aus dem dann der Dreiachs-LKW G 3 hervorging. 1934 bis '39 wurde schließlich der martialisch aussehende und durch Hitler berühmt gewordene G 4 gebaut. In den Jahren 1939 und '40 kamen zur Wehrmacht in wenigen Exemplaren auch Sechsrad-PKW - meist in Kabriolett-Ausführung - von Steyr, Krupp, Praga und Tatra.

Die Vorteile der Dreiachskonstruktion konnten eigentlich nur bei Lastwagen in der Praxis wirksam werden. Zu den Vorteilen dieser Bauart gehören die bessere Lastverteilung und - bei zwei angetriebenen Hinterachsen - bessere Übertragung großer Zugkräfte ohne zu rutschen. Auch wird ein Eingraben des Fahrzeugs viel mehr verhindert; zudem ist ein Herausarbeiten des Fahrzeugs aus matschigem Untergrund mit eigener Kraft viel eher möglich. Geländegängige Dreiachswagen haben also durchaus die Qualitäten des Traktors. Dem Vernehmen nach haben nur drei G 4-Mercedes den Krieg überlebt: Einer ist im Technik-Museum in Sinsheim zu sehen. Der zweite Wagen steht bei einer Filmgesellschaft in Las Vegas. Der dritte G 4 wurde aus französischem Besitz 1984 nach Amerika verkauft. Zutreffend schrieb Werner Oswald: "Es ist jammerschade, daß dieser prächtige G 4, der ja eines nicht zu fernen Tages gewiß der wertvollste Mercedes der Welt sein wird, nicht den Weg in das Museum der Daimler-Benz AG gefunden hat. Hier und nirgendwo anders gehört er eigentlich hin !"

Die körpergerecht geformten Schalensitze gaben festen Halt und Schutz gegen plötzliches seitliches Herausfallen in Kurven oder im Gelände. Im Soldatenjargon bekamen sie bald die Bezeichnung "Kübelsitze", daher "Kübelsitzwagen" oder einfach "Kübelwagen". Der Ausdruck wurde bei allen späteren offenen Gelände-PKW beibehalten, selbst dann, wenn diese gar keine Kübelsitze mehr hatten, wie z.B. beim G 4, dem Einheits-PKW und dem VW, die schon deshalb auf Kübelsitze verzichten, weil sie feste Türen haben.

Der Mercedes "Stuttgart" als Kübelwagen war bei der Reichswehr der meistgefahrene Gelände-PKW. Mit Antrieb auf Hinterräder, Aufbauten von Mercedes Benz, Gaubschat und Trutz.

Der Mercedes "Stuttgart" war eine Porsche-Konstruktion und kam 1928 auf den Markt. Die stabile Bauart des Mittelklassewagens prädestinierte ihn zum Kübelwagen. Bei der Reichswehr fand er Zuspruch wegen seiner Robustheit und Zuverlässigkeit. (Sechszylinder, 2,6 Liter, 50 PS, 1250 kg Gewicht. Antrieb auf Hinterräder, Verbrauch 20 Liter, mechanische Fußbremse).

142.

Oben und unten: Der Mercedes 170, der 1931 der Öffentlichkeit präsentiert wurde, fand großen Beifall in der Fachwelt wie bei der anvisierten Käuferschaft, nicht zuletzt wegen seines für damalige Verhältnisse sicheren Fahrverhaltens aufgrund der neuen "Schwingachsen". Der kompakte Mercedes zu volkstümlichem Preis kam in der Zeit nach der Weltwirtschaftskrise gerade recht. In kleiner Stückzahl kam der 170er als Kübelsitzwagen auch zur Reichswehr. (Sechszylinder Motor, 1,7 Liter / 32 PS).

142

Der 200er war der Vorgänger des "Stuttgart" mit dem 38 PS-Motor aber bei dem schweren Auto etwas untermotorisiert. Die Karosserie dieses 1934 gebauten Kübelwagens stammt von Gaubschat (Berlin).

Ein Kübelsitzwagen, Baujahr 1933/34

Ein 290 Kübelsitzwagen, Baujahr 1936/37

2,9 Liter mit Kübelaufbau von Trutz (Koburg)

Ein 320 Kübel (78PS) von 1939

Dieser 320 Kübel der Luftwaffe hat schon - wie im Krieg üblich - abgedeckte Hauptscheinwerfer und auf dem linken Kotflügel den nachträglich aufgesetzten Tarnscheinwerfer. Das Ersatzrad fehlt, man sieht daher gut die Reserverad-halterung.

Abschiedsparade einer Panzer-Division (SS-Nachrichtenabteilung). Der salutierende Offizier steht im Mercedes 320 Kübelwagen.

Eine Kradschützen-Kompanie, noch in Ausstattung mit Kraft-fahrzeugen der Polizei (Mercedes). Ende 1934

Reichswehr-Offiziere im Mercedes 170 (7/32 PS, 6 Zylinder, Baujahr 1931)v

20

Der 130 H mit Heckmotor von 1934/35 hat konstruktiv und stilistisch (Stromlinienform) viel Ähnlichkeit mit dem Volkswagen, der 1938 der Öffentlichkeit gezeigt wurde. Die Kübelwagen-Ausführung für die Reichswehr (s. unten), die hier zu sehen ist, war eine Rarität.

Der 130 H hat zwar große Räder, aber keinen Allradantrieb und nur geringe Bodenfreiheit. Für den Geländeeinsatz war er ungeeignet. Der 1,3 Liter Motor leistete 26 PS.

Ein sehr exotisches Exemplar ist auch der 170 H als Kabrio-Limousine, der hier auf einer Straßenkreuzung in Athen zu sehen ist (1942). Die Wehrmacht legte keinen großen Wert auf die unpraktischen Heckmotorwagen von Mercedes. Der 170 H hat den gleichen Motor wie der 170 V (V=vorn), er liegt aber hinter der Hinterachse.

Die Bilder auf dieser Seite zeigen Versuchsfahrten mit dem 170 VG/170 VL. Die Basis dieses Geländewagens stammt vom Mercedes 170 V, den wir uns auf den folgenden Seiten noch genauer ansehen werden. Der 170 VG bzw. 170 VL hat aber Allrad-Antrieb bzw. Allrad-Lenkung. Er war als Konkurrenz zum mittleren Einheits-PKW gedacht. Die Wehrmacht konnte sich für dieses Fahrzeug aber nicht begeistern. Es blieb bei etwa 100 Stück. Die abgebildeten Fahrzeuge haben Stuttgarter Kennzeichen.

Mercedes 170 VL (Typ W139) mit Allrad-Lenkung, 1937, 1,7 Liter-Vierzylinder, 38 PS, Allrad-Antrieb, Spurkreis:11 m (Vorderrad-Lenkung), 7 m (Hinterrad-Lenkung), die Hinterrad-Lenkung war abschaltbar. Höchstgeschwindigkeit 82 km/h, Verbrauch 13 Liter (Werksangabe).

Der Mercedes 1500 A war ursprünglich als kleiner 1,5 Tonner-LKW vorgesehen, mußte aber dann zusammen mit den 1500 A-Typen von Phänomen und Steyr die großen Einheits-PKW ersetzen, die sich nicht bewährten. So kam der MB 1500 A fast ausschließlich als Gruppen- oder Mannschaftswagen zur Wehrmacht.

Nach dem Schell-Programm, das eine Rationalisierung der deutschen Automobil-Produktion versah, sollte sich die Daimler Benz AG auf den Bau von LKW mit 3, 4, 5 und 6 Tonnen Nutzlast konzentrieren. Entgegen den staatlichen Vorgaben entwickelte man dennoch einen 1,5 Tonner, der sich dann als Achtsitzer bei der Truppe bestens bewährte. Die technischen Daten des 1500 A: 2,6 Liter Vergasermotor, 60 PS bei 3000 U/min, Allrad-Antrieb, 2 Sperrdifferentiale, Höchstgeschwindigkeit 85 km/h, Verbrauch 30 Liter (Gelände), 20 Liter (Straße), Bodenfreiheit 240 mm, Gewicht 2400 kg.

Südabschnitt der Ostfront. Es ist Anfang Mai 1942. Die 9. Armee bereitet sich auf die neue Offensive vor. Da die Versorgung nach wie vor nur sehr schleppend erfolgte, wurde der Angriffstermin, der zuerst auf den 10. Mai festgesetzt war, mehrmals verschoben. Ende Mai trafen endlich die von Generaloberst Model verlangten Reservedivisionen in den vorgesehenen Bereitstellungsraum ein. Hinter dem Mercedes-Lastwagen (Dreitonner) ein Mercedes 1500 A als Mannschaftswagen. Dahinter folgt ein Steyr 1500 A mit Fleckenmuster und angehängtem Geschütz. Er war das Gegenstück zum MB 1500 A und wurde ebenfalls als Gruppenwagen eingesetzt, als Ersatz für die schweren Einheits-PKW, die sehr reparaturanfällig waren.

In der zweiten Junihälfte 1942 rollen die motorisierten Kampfgruppen der 1. und 4. Panzerarmee nach Süden zum Don. Glühende Hitze und beißender Staub zehren an den Kräften. Menschen und Material werden extrem strapaziert. Ein Mercedes 1500 A fährt auf der von Staubwolken eingehüllten Vormarschstraße der Kolonne voran.

Ein MB 1500 A auf Erkundungsfahrt im Süden Italiens.

Die großen Mercedes-Kübelwagen eignen sich besonders gut für Straßenerkundungen.

Mit dem neuen Mercedes-Kübelwagen wird sofort eine Probefahrt gemacht.

Der Generalinspekteur für das deutsche Straßenwesen Dr. Ing. Fritz Todt inspizierte die Baustellen der Reichsautobahn. Die oberbayrische Schuljugend mit Wadelstrümpfen, Sepplhosen, Trachtenhut, Schulranzen und Regenschirm hat den Gelände-Mercedes G 4 gestürmt und darf ein Stück weit mitfahren.

Hitler während des Polenfeldzuges im G 4, am 5. September 1939. General d. Panzertruppe II Guderian meldet sein Korps.

Mercedes G 4 im Museum in Sinsheim.

Hitler in seinem Mercedes G 4 während des Polenfeldzugs auf Frontbesuch. Auf dem unteren Bild mit Fahrer Kempka, General von Reichenau und Adjutanten.

Im Juni 1940 nach dem Sieg über Frankreich besucht Hitler Paris.

Sepp Dietrich an der Spitze der Leibstandarte bei der Siegesparade in Athen vor Generalmarschall List.

DER 170 V

Der Mercedes 170 V als Kübelwagen war der meistgebaute PKW der Daimler-Benz AG für die Wehrmacht. Er lief äußerst zuverlässig, war robust und anspruchslos, aber abseits der Straße völlig überfordert, denn seine Herkunft vom handelsüblichen Personenwagen machten sehr schnell die Grenzen seiner Einsatzmöglichkeiten in unwegsamen Gelände deutlich.

Die 170 V-Limousine wurde im Februar 1936 auf der Berliner Automobil-Ausstellung der Öffentlichkeit präsentiert. Sie war von vornherein als Massenauto konzipiert worden. Allerdings hatte man auch als Besitzer dieses "kleinen" Mercedes schon zur etwas wohlhabenderen Einkommensklasse gehören müssen, den immerhin waren mindestens 3 750 Reichsmark für die zweitürige Limousine aufzubringen, um in den Besitz eines "V" zu kommen (V = vorn, im Gegensatz zum 170 H mit Heckmotor). Der Opel-Kadett und der Olympia, die wir wegen ihrer massenhaften Verbreitung in jenen Jahren zum Vergleich heranziehen, waren viel billiger: Der Kadett kostete 1800 RM, der Olympia 2100 RM. Und selbst der wesentlich größere und repräsentative Opel-Kapitän mit Sechszylinder war noch billiger zu haben als der 170 V. 1936 rollten auch die ersten Prototypen des Volkswagens durch Deutschland. Mit dem Autobahnbau ging es zügig voran. Den 170 V konnte man als komfortablen Reisewagen für die neuen Betonpisten sehen. Aber im Deutschen Reich gab es zum großen Teil noch Staubstraßen.

Hervorgegangen war der 170 V aus dem 170 der Jahre 1935 und 1936, der allerdings einen Sechszylindermotor hatte. Die 1935 modernisierte zweitürige Limousine hatte schon viel Ähnlichkeit mit dem "V"-Modell, aber auch der Typ 200 von 1936/37, wenngleich der "V" sich von seinem ganzen Habitus mehr als Jedermann-Auto ausgab. Vor dem Kriege gab es von ihm viele Modellvarianten, die nach dem Krieg nicht wieder erschienen, weil man von der Gemischt- zur Ganzstahlbauweise übergegangen waren (vom Holzaufbau mit Stahlblechverkleidung zur Ganzstahlkarosserie). Neben der zwei- und viertürigen Limousine gab es den zwei- und viertürigen Tourenwagen, zwei verschiedene Ausführungen des Kabrios, eine Kabrio-Limousine, einen Roadster und Kombiwagen in verschiedenen Ausführungen, die im privaten Gewerbe, bei der Reichspost oder etwa der Partei Verwendung fanden. Von Anfang an wurde der 170 V auch bei der Wehrmacht und der Polizei eingesetzt. So gab es den 170 VK Kübelsitzwagen in verschiedenen Ausführungen: drei- und viertürig, mit Metall- und Segeltuchtüren - alle basierend auf dem nur wenig geändertem Fahrgestell des handelsüblichen Wagens. Eine ernsthafte Weiterentwicklung für den militärischen Einsatz waren erst die Typen 170 VG/VL und G 5 mit Allrad-Antrieb bzw. dann Vierrad-Lenkung. Nach Kriegsende wurden viele Mercedes 170 in Deutschland wie im Ausland noch jahrelang benutzt, sofern sie den Krieg überlebt hatten. Gerade im Ostblock taten viele 170er bis weit in die siebziger Jahre Dienst - mit schier astronomischen Kilometerleistungen. Weil es dort kaum Ersatz durch Neufahrzeuge gab, andererseits aber auch Originalersatzteile fehlten, wurden diese treuen alten Mercedes mit viel Improvisationskunst und Fremdteilen am Leben erhalten. Mancher Vorkriegs-Mercedes kam schließlich wieder in den Westen, weil sich ein Liebhaber in ihn vernarrt hatte.

Anfang der siebziger Jahre bekamen die alten Mercedes 170 den Status von Liebhaberfahrzeugen. Mit der nun anhebenden Oldtimerwelle begannen nun auch der rapide Preisanstieg und die Geschäftemacherei. Immerhin wurden nun viele Fahrzeuge mit viel Aufwand an Zeit und Kosten originalgetreu restauriert.

Die Wiederaufnahme der Produktion erfolgte 1946 mit einem schlichten Kasten- und Pritschewagen auf der Basis des 170 V für die Polizei und Sanitätsdienste. 1947 lief auch die Fertigung der 170 V-Limousine wieder an. Die Ausführung war bis auf kleine Änderungen mit dem Vorkriegswagen identisch. Für private Käufer stand nunmehr ausschließlich die viertürige Ausführung auf dem Fertigungsprogramm. Der offene Tourenwagen für die Polizei (OTP bzw. OTPD als Diesel) kann durchaus auch als Nachfolger der früheren Kübelwagen gesehen werden.

Mercedes 170 V K als Funkwagen in Rumänien auf einer Übungsfahrt.

Die Bilder auf dieser Seite zeigen den 170 V Kübelwagen, wie er von 1938 bis '42 für die Wehrmacht gebaut wurde (Funkwagen): 38 PS, Antrieb auf Hinterräder, Verbrauch 13 Liter (Straße).

Der Polizeikübelwagen mit geschlossenen und aufgerollten Segeltuchtüren. Unterhalb der Windschutzscheibe der Winker, der die Änderung der Fahrtrichtung anzeigt. Solche Fahrzeuge wurden gelegentlich auch von Wehrmachtseinheiten übernommen oder waren bei Polizeieinheiten im Besatzungsgebiet oder im Operationsbereich eingesetzt.

Kübelsitzwagen 170 V für die Polizei, 1937/38, mit Metall- oder Segeltuchtüren, geschlossener oder offener Pritsche. In dem schmalen Kasten am Heck war Platz für das Reserverad, einen Benzinkanister, Werkzeug und Gerätschaften.

Der Blick auf das Heck zeigt den offenen Gerätekasten.

Oben: Dieser 170 V Kübel mit umgeklappter Windschutzscheibe hat eine bemerkenswerte Tarnung: Die beige Sandfarbe ist mit grünen und braunen Streifen überlackiert.

Unten: Hier wird der kurze Halt auf der staubigen russischen Rollbahn für ein Erinnerungsfoto mit dem treuen 170 Kübelwagen genutzt.

Ein 170 VK des Panzerkorps Kleist

Der Fahrer dieses Polizeikübels nutzt den Augenblick für eine kurze Siesta auf der Motorhaube seines 170er.

Ein 170 Kübel mit umgeklappter Windschutzscheibe in Schutzhülle. Bei diesem Fahrzeug wird die graue Tarnfarbe durch den Staub verhüllt. Nordafrika 1942.

Diese 170 V Limousine aus Privatbesitz bekam bei der Wehrmacht die stumpfe graue Farbe, einen Tarnscheinwerfer und abgedeckte Scheinwerfer. Die Chromteile wurde überlackiert. Stolz lächelt der Fahrer nach erfolgter Umrüstung in die Kamera.

Dieses 170 V Kabrio, das sein ehemaliger Besitzer wahrscheinlich nur schweren Herzens ans Militär abgegeben hat, dient jetzt einem Offizier der Luftwaffe. Nach seiner Zwangsverpflichtung bekam dieser Wagen eine sandfarbene Lackierung mit braun-grünem Fleckenmuster. Rußland 1944

Mercedes 170 V als Kolonnenführungsfahrzeug.

Oberes Bild: eine Kabrio-Limousine, unteres Bild: ein viersitziges B-Kabrio.

Eine 170 Kabrio-Limousine mit dem V-Zeichen an der Tür (V=Viktoria)

Links:An der französischen Grenze hat eine Einheit Halt gemacht. Den kurzen Aufenthalt nutzt der Fahrer, um an dem Mercedes-Kabrio Zündung und Vergaser zu überprüfen.

Ein Mercedes 170 V und ein Sanitäts-KFZ Phänomenen Granit 1500 A wurden zum Schutz vor Fliegern unter Bäumen abgestellt. Der Mercedes ist dunkelgelb gespritzt, das Sanitäts-KFZ noch zusätzlich durch grüne Streifen getarnt. Italien 1943.

Zwei 170 V Kabrios, links des Heeres, rechts des Heeres ein Fahrzeug der Luftwaffe.

Die Offiziere, die man hier beim Kartenstudium sieht, sind mit dem offenen Mercedes 170 unterwegs. Bemerkenswert sind das TH-Kennzeichen (die private Zulassung des Autos in Thüringen), auf den Kotflügeln das Divisionszeichen, das taktische Zeichen, die WH-Signatur (die auf ein Fahrzeug des Heeres hinweist) und der Tarnscheinwerfer.

Ein Offizier mit seinem Fahrer. Die stumpfe, graue Militärfarbe, die bis 1943 fast alle Wehrmachts-Fahrzeuge bekamen, erwies sich in der russischen Schneelandschaft als unvorteilhaft.

Zwei 170 V einer Instandsetzungseinheit bei der 2. SS-Panzerdivision "Totenkopf"

Dieses Foto wurde während schwerer Abwehrschlachten im Raum Ilmensse Wolchow im Januar 1942 aufgenommen. Rechts in der Kolonne eine 170 V Limousine.

Ein Mercedes 170 V fährt gerade am großen Silo vorbei, das im südlichen, hart umkämpften Teil von Stalingrad liegt. Spätjahr 1942.

Durch feindlichen Beschuß schwer getroffen: Dieser Mercedes 170 V muß in eine Werkstatt abgeschleppt werden.

Unten: Eine 170 Limousine ist neben zerstörtem Kriegsmaterial im Schlamm steckengeblieben.

Der Blick in die Instandsetzungswerkstatt zeigt uns verschiedene zur Reparatur abgestellte Kraftwagen. Am rechten Bildrand sehen wir einen Mercedes 170, der gerade vorgefahren ist.

Auch dieses 170 Kabrio blieb durch Feindeinwirkung liegen und wird jetzt von einem Lastwagen aus dem Feld gezogen.

Während der schweren Abwehrkämpfe am Niederrhein besichtigt Eisenhower im Februar 1945 die hart um-kämpfte Festung Jülich. Hier läuft er gerade an einem MB 170-Wrack vorbei.

Eine Fahrzeugkolonne mit Mercedes 170 Kübel und schwerem Einheits-PKW.

Erinnerungsfoto einer winterlichen russischen Stadt mit dem Mercedes-Kübelwagen.

Hier wird der Mercedes-Kübelwagen zum Transport eines Sargs für einen gefallenen Kameraden genutzt.

Eine Feldbäckerei ist mit dem 170er vorgefahren und verteilt Brote an die russische Bevölkerung.

Unten:
Hier wurde die Tafel für einen kleinen Gast von Feldjägern auf der Motorhaube eines Mercedes 170 angerichtet.

Mercedes-Kübelwagen 170 in Paris, Sommer 1940.

Regen und Schnee erschweren das Fortkommen. Die Straßen verwandeln sich in Schlammseen. Die Fahrzeuge blieben stecken und konnten nicht wieder flottgemacht werden. Ein Fortkommen war unmöglich. Die Operationen kamen nur langsam voran. Ein Hauptproblem war der Mangel an Benzin. Der Kraftstoff reichte nicht, weil im schlammigen Gelände in den unteren Gängen gefahren werden mußte.

170 VK als Funkwagen. Das Antennenkreuz setzt die Funkreichweite in Frontnähe herab.

Unten:
170 Kübelwagen werden auf Plattformwagen für den Eisenbahntransport verladen.

EINGEZOGENE PRIVAT-MERCEDES BEI DER WEHRMACHT

Da die deutsche Wehrmacht bei Kriegsbeginn einen großen Mangel an Fahrzeugen hatte, wurden fast alle privaten PKW und LKW für den Kriegsdienst eingezogen. Die rechtliche Grundlage dafür war das Wehrleistungsgesetz von 1938. Beschlagnahmt wurden alle PKW mit über einem Liter Hubraum. Viersitzige Kabrioletts wurden häufig als Kolonnenführungsfahrzeug eingesetzt. Limousinen wurden gelegentlich mit Kofferaufbauten versehen oder zu offenen Kübelwagen aufgeschnitten. Oft wurde bei handelsüblichen Personenwagen auf größere Umbauten verzichtet und der Wagen übernommen, so, wie er war und lediglich mit Tarnfarben lackiert, Tarnscheinwerfer, evtl. Werkzeugkästen, Spatenhalterungen, taktischen Zeichen usw. versehen. Solche normalen Limousinen, Kabrioletts oder Kabrio-Limousinen, die nur für den regulären Straßeneinsatz gedacht und überhaupt nicht für die militärische Verwendung konstruiert worden waren, waren naturgemäß nur eingeschränkt brauchbar, z. B. im rückwärtigem Gebiet, im Zubringerdienst bei Heimatkasernen oder für die Besatzungstruppen. Der chronische Fahrzeugmangel der Wehrmacht und die Not der Zeit brachten es aber mit sich, daß requirierte Zivilfahrzeuge auch im unwegsamen Frontgebiet eingesetzt wurden. Mit mehr oder weniger Erfolg.

Die großen und schweren Personenwagen von Audi, Horch, Maybach und Mercedes-Benz blieben hohen Generälen, Befehlshabern oder Stäben erhalten. Von Mercedes waren die Typen 230, 290, 320 als Offizierswagen häufig vertreten. Die noblen 500 K und 540 K waren bei besonderen Anlässen zu sehen, etwa beim Frontbesuch der Repräsentanten des Staates, z.B. Hermann Görings, oder wurden Feldmarschällen oder hochdekorierten Offizieren überlassen, wie beispielsweise Mölders. Gelegentlich kamen die repräsentativen 320er oder 540er als "Gästewagen" zum Einsatz, etwa beim Besuch höherer Offiziere verbündeter Staaten.

Der "Große Mercedes" 770, der hauptsächlich zum Fuhrpark der Reichskanzlei gehörte, also von Hitler benutzt wurde, kann hier außer Betracht bleiben, weil er nie in militärischen Diensten stand. Hitler stand bei Frontfahrten der dreiachsige G 4 zur Verfügung. In größerer Stückzahl lief freilich die 170 V-Limousine bei der Wehrmacht, die aus Privatbesitz requiriert wurde. Immerhin waren davon, einschließlich der Kabrio-Limousine, rund 60 000 Stück gebaut worden. Hinzu kommen noch einmal 8 000 viersitzige B-Kabrios, die bei der Wehrmacht beliebt waren, weil sie dem 170 Kübel noch am nächsten waren. Die große Anzahl des 170 V bei der Wehrmacht hatte natürlich Vorteile: Das Auto war bei den Instandsetzungseinheiten technisch bekannt, die Fahrer waren mit dem Typ vertraut. Die Ersatzteilbeschaffung - im Krieg ohnehin schwierig genug - war einfacher, brauchbare Teile konnten auch aus liegengebliebenen Fahrzeugen übernommen werden.

Der Hauptnachteil der eingezogenen Privat-PKW - gleich welcher Herkunft - ergab sich aus der geringen Bodenfreiheit. Außerdem waren die Federungen, Stoßdämpfer, Lenkungen etc. meist viel zu schwach, um den extremen Anforderungen gewachsen zu sein. Zudem waren Fahrzeuge mit geschlossenen Aufbauten im Fronteinsatz unvorteilhaft. Die größeren Mercedes der Typen 290 und 320 waren auch benachteiligt durch das hohe Gewicht und den enormen Benzinverbrauch beim chronischen Kraftstoffmangel bei der Wehrmacht.

Die angespannte Versorgungs- und Nachschublage brachte es mit sich, daß Ersatzteile und Reifen für die Instandsetzung zunehmend fehlten. Da zudem die deutschen Truppen spätestens ab 1943 im Osten in immer stärkeren Maß in verlustreiche Kämpfe verwickelt wurden, blieb kaum noch Zeit für Wartungsarbeiten. In den Frontwerkstätten wurden nur noch notdürftig repariert oder ausgeschlachtet, um die Ausfallzeiten kurz zu halten. Jeder Fahrer war stets von der bangen Sorge beherrscht, der ihm anvertraute Wagen könnte eine Panne erleiden. Die Schirrmeister sahen sich bei der Unzahl von Typen außerstande, Ersatzteile heranzuschaffen. Mit anderen Worten: Im Reparaturfall wurde halt irgendwie improvisiert und notgedrungen gewurstelt.

Neben der mangelnden Wartung und extremen Beanspruchung der Wagen tat der schlechte Zustand des Straßennetzes ein übriges, die Alterserscheinungen zu verstärken. Im Deutschen Reich wie im restlichen Europa war ein Großteil der holprigen Landstraßen noch nicht asphaltiert, lediglich geschottert. Im Sommer wars dann eben staubig, bei Regen und im Winter matschig. Holprige Pflasterstraßen in Kleinstädten und Dörfern waren noch gang und gebe. Die Fahrer fuhren halt langsam, damit dem Auto nichts weh tat. Katastrophal waren natürlich die Verkehrswege in Rußland.

Deutsche PKW wurden jahrelang über Schlamm- und Staubpisten gequält, für die nicht gebaut waren. Ausgeschlagene Lenkungen und Vorderachsen, defekte Spurstangen und Stoßdämpfer waren da nur natürlich. Hinzu kommt noch, daß an den an sich qualitativ guten deutschen Wagen - Mercedes-Benz sowieso - jahrelang keine vernünftige Wartung durchgeführt werden konnte, weil bei den meisten Truppenteilen die Möglichkeiten dazu einfach fehlten. Die einfachsten Wartungsarbeiten stellten den Schirrmeister vor große Probleme: Ölwechsel, Erneuerung von Zündkerzen, gebrochenen Kabeln, Unterbrechern war unmöglich, weil es am Allernötigsten fehlte. Die Reinigung des Vergasers und des Luftfilters war eine Arbeit, die infolge von miserablem Benzin und bei staubiger Hitze täglich anfiel. Wie oft blieb so ein treuer braver Mercedes am Rand der Landstraße mit dampfendem Kühler stehen, weil das Wasser zu kochen anfing - irgendwo im heißen Italien, auf dem Balkan oder in der Ukraine. Ganz zu schweigen von der bitteren Kälte in Rußland, wo es natürlich massenhaft gerissene Kühler gab. An Frostschutzmittel war nicht zu denken. Was mögen die Fahrer geflucht haben!

Und dann natürlich Reifensorgen ohne Ende! Jahrelang fuhren die Autos mit restlos abgefahrenen, brüchigen Pneus. Bei jeder Fahrt war die Sorge, beim nächsten Stein oder Schlagloch könnte ein Reifen den Geist aufgeben. Dann kam es halt wieder zu einem unfreiwilligem Halt, in dem irgendeiner, der mit Flickzeug und Gummilösung zu hantieren wußte, den schon zwanzigmal geflickten Schlauch noch einmal flickte und den unförmigen Einlagen in der Decke eine weitere hinzufügte. War während des Krieges schon die Erstausrüstung mit großen Schwierigkeiten verbunden, so war die Ersatzbeschaffung noch ein größeres Problem. Da importierter Naturkautschuk im Krieg nicht zur Verfügung stand, verfiel man auf die Verwendung von Buna.

Die Folgen waren miserabel: Die Temperaturerhöhung im Reifen und die Verschweißungsschwäche zwang die Hersteller zu Wandreduzierungen, um Wärme- und Scherbeanspruchung herabzusetzen. Die größere Anfälligkeit der Reifen zwang zur Herabsetzung der Geschwindigkeit. Die Lebensdauer der Reifen war auf ein Bruchteil der Vorkriegszeit abgesunken.

Vorführung neuer Waffen und Munition vor Guderian. Der Offizier mit Pelzkragen ist sein Chef des Stabes Oberst (später Generalmajor) Thomale. Im Hintergrund steht ein Mercedes mit Chauffeur abfahrtbereit.

Das 320 Kabriolett mit Berliner Kennzeichen dient Offizieren in Rußland.

Rechts unten: Neben dem imposanten Mercedes-Kabriolett (290/320) macht sich ein Erinnerungsfoto besonders gut.

Viele Wehrmachts-Mercedes blieben beim Rückzug der deutschen Truppen am Straßenrand stehen. Ein großer Teil wurde aus Mangel an Benzin aufgegeben, mit der Axt unbrauchbar gemacht; andere blieben als Wracks auf dem Gefechtsfeld oder infolge Fliegerbeschuß zurück. Dann und wann haben sich deutsche Nachhuten an aufgelassenen Fahrzeugen bedient, und natürlich haben die gegnerischen Streitkräfte in Besitz genommen, was entlang der alliierten Vormarschstraßen herumstand.

Der G 5 war eine Weiterentwicklung des 170 VL. Er hat einen Kastenprofil-Rahmen, statt eines X-förmigen Oval-rohr-Rahmens wie beim 170 VG/VL, drei Sperrdifferentiale und einen stärkeren Motor: 2 Liter (4 Reihe), 45 PS, Verbrauch:Straße 18 Liter, Gelände 27 Liter (Werksangabe, Höchstgeschwindigkeit 85 km/h, mit Vierrad-Lenkung 30 km/h. Er lief auch als eine Sonderanfertigung für Hermann Göring.

Der Fahrer dieser 320 Limousine studiert an einer Straßenkreuzung in einer stark bombardierten Stadt die Karte. Wahrscheinlich herrscht noch deutsche Luftüberlegenheit, denn der Mercedes hat zur Fliegersicht eine Hakenkreuz-fahne auf der Motorhaube.

Wie wird es sich wohl in der noblen Pullman-Limousine auf der holprigen Kopfsteinpflaster-straße gefahren haben? Die Ausführung mit offener Kofferbrücke war schon damals antiquiert. Viel praktischer war der große Außenkoffer, den es beim 320er ab 1938 gab.

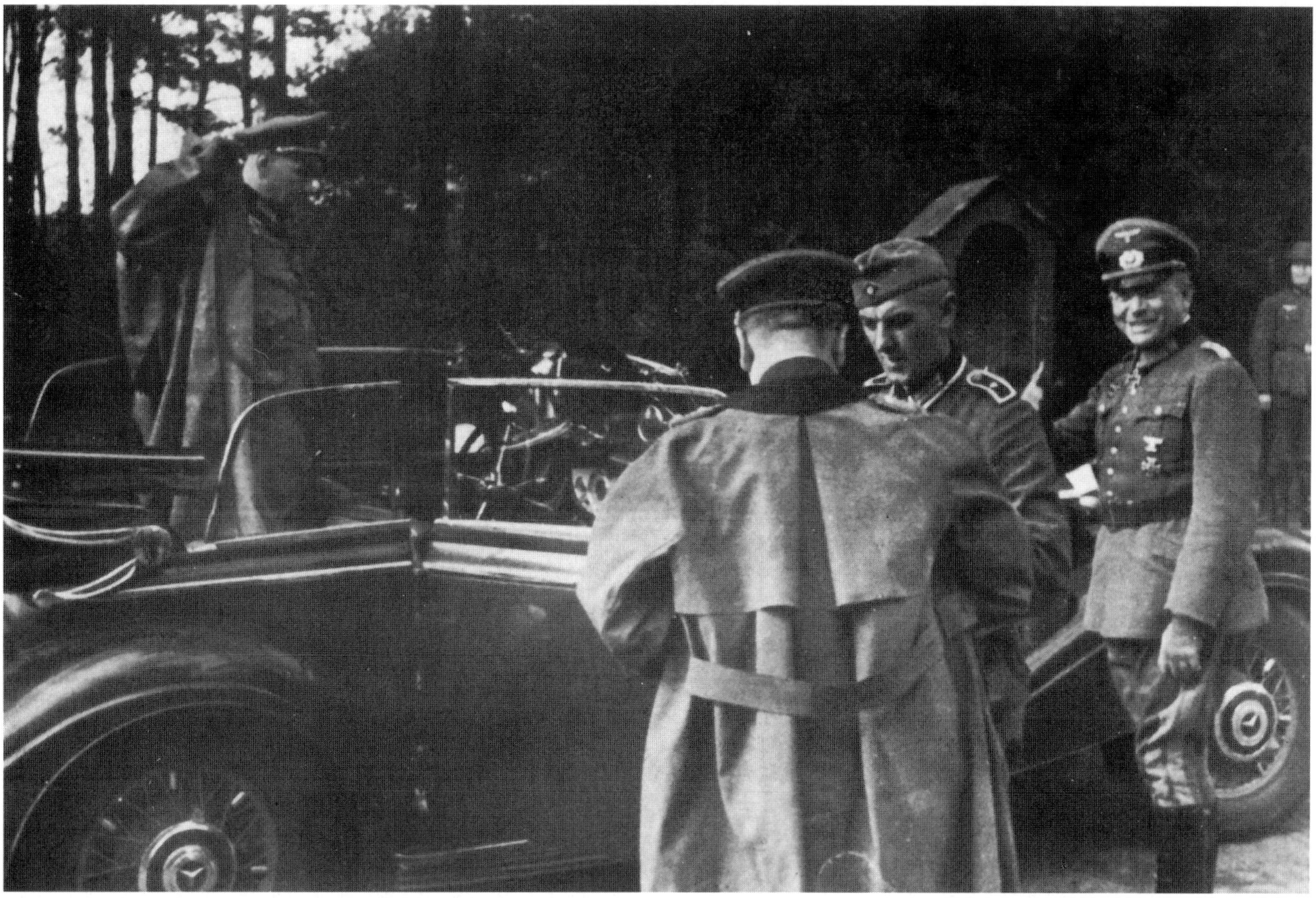

Nach dem siegreichen Frankreichfeldzug: Generaloberst Guderian mit seinem Mercedes 540 K.

Wer kann sagen, wo diese imposante Burg steht? Ein Erinnerungsfoto mit Mercedes vor malerischer Kulisse.

Dem ziemlich gealterten 320er sieht man die Strapazen an, die er im harten Kriegsdienst hinter sich gebracht hat. Der Wagen hat noch die private Zulassung IE (= Provinz Brandenburg), auf dem linken Kotflügel der Berliner Bär der 68. Infanteriedivision, das taktische Zeichen und die WH-Signatur für Wehrmacht-Heer. Am rechten Bildrand sieht man noch einen MB 170 V.

Links:
Mercedes mit einer WH-Zulassung, aber in Zivilausführung mit Glanzlack und Chrom. Das Fahrzeug mit dem Ständer eines Wehrmachtsbefehlshabers in Norwegen wird von Feldjägern kontrolliert.

An diesem Mercedes 230 (gebaut 1937 bis '41) fällt das zivile Stuttgarter Kennzeichen auf, die WH-Signatur auf dem rechten Kotflügel weist auf die Zugehörigkeit zum Heer.

Dieses einmal noble Kabrio wurde ziemlich herzlos mit stumpfer Militärfarbe überlackiert und vom Herz als Fahr-chulwagen genutzt. März 1942

Dieses schöne 290 Kabriolett wurde auch dienstverpflichtet: rechts noch mit schwarzer Glanz-lackierung und Chromteilen, auf dem oberen Bild schon mit stump-fer grauer Farbe, abgedeckten Scheinwerfern und Wehrmachts-zulassung.

General Steiner bei einer Lagebesprechung im schweren Mercedes-Kübelwagen vor Krapotkin (5. SS-Panzerregiment "Wiking").

Oben: 20. März 1941. Der Stab der Leibstandarte beim Donauübergang bei Turnu Magurele. Hinter dem offenen Mercedes ein Trippel-Schwimmwagen.

Links: II. Inf. Rgt. (mot) 29 auf dem Vormarsch in Richtung Dunaburg Sommer 1941. Im Mercedes stehend ein Major.

Oben:
Ein deutscher Konsulats-
Mercedes mit arabischen
Freischärlern in Palästina 1938.
Der Mercedes hat Stuttgarter
Zulassung.

Oben:
Hinter dem Mercedes einer
Sanitäreinheit ein Phänomen
Granit, ein Büssing-NAG (ein
ehemaliger Linienbus) und ein
Russen-Ford.

Stellungswechsel wird vorge-
nommen: ein Mercedes der
Luftwaffe mit Glanzlack und
Chrom führt eine Kolonne an.

Oben: Vor der Abfahrt wird an diesem Mercedes in der Kaserne noch eine kleine Inspektion durchgeführt.

Links:
Beim Stiefelputzen und mit Rasierschaum im Gesicht: vor dem mit Laub getarnten Mercedes 170 ist Gelegenheit zur Toilette.

Unten:
Ein G 5 im Einsatz bei der Deutschen Bergwacht (Deutscher Alpenverein). Ein abgestürtzter Bergsteiger wird in der Nähe des Einstiegs im Geländewagen untergebracht.

Um die Geländegängigkeit schwerer PKW zu erhöhen, experimentieren wenige deutsche Hersteller mit dreiachsigen Fahrzeugen. Es blieb aber insgesamt bei wenigen Versuchswagen, die zu schwer und zu teuer waren. Der Mercedes G 1 von 1926 bis 1928 gebaut, hat einen Dreilitermotor (Sechszylinder) mit 50 PS Leistung. Der Antrieb erfolgt auf die beiden Hinterachsen.

Es sollte einen wundern, wenn das einmal sehr noble, jetzt von der Wehrmacht requirierte Mercedes-Kabriolett mit eigener Motorkraft durch diesen Schlamm gekommen ist. Das repräsentative Auto mit seiner eleganten Linie war ursprünglich eher für den exklusiven Auftritt gedacht und dürfte bei den schlechten Straßenverhältnissen in Rußland schwer zu kämpfen gehabt haben. Für solche Einsatzzwecke waren die eingezogenen Privatwagen nicht gedacht.

Oben und unten: Der restaurierte Mercedes 320 Wehrmachtskübelwagen eines französischen Sammlers.

Dr. Hans-Georg Mayer-Stein

MERCEDES LKW
1935–1945

Mercedes Benz LG 3000 a, 3,5 to-Geländelastwagen, Versuchsfahrzeug, 100 PS Dieselmotor, gebaut 1937/38.

BILDQUELLEN

**Zu danken hat der Verfasser wiederum den Herren Uwe Heinitzer (Archiv der Mercedes-Benz AG, Stuttgart) und Henry Hoppe (Berlin). Beide haben mit großer Geduld alle Fotowünsche erfüllt.
Meinen Dank muß ich auch Herrn Dr. Wolfram vom Müller (Obergrombach bei Bruchsal) und Herrn Wolfgang Reichert (Fahrzeugmuseum Marxzell) für zahlreiche Informationen sagen.**

An diesem Mercedes L 2000 werden auf dem Kasernenhof noch Wartungsarbeiten vorgenommen. Wahrscheinlich handelt es sich um einen ehemaligen Möbelwagen.

MERCEDES-LKW
LASTKRAFTWAGEN BEI DER REICHSWEHR UND WEHRMACHT

In den frühen zwanziger Jahren war es die Absicht der Heeresleitung, die sieben Infanterie- und drei Kavalleriedivisionen, die die Siegermächte des Ersten Weltkrieges als Höchststärke für die Reichswehr vorsahen, auf 21 Divisionen zu verstärken. Das Ziel war ein kampfkräftiges, operativ lebensfähiges Heer mit neuzeitlicher Ausrüstung und ausreichendem Nachschub. Die Erfahrungen des Ersten Weltkrieges hatten die Bedeutung des schnellen motorisierten Nachschubtransports bei den immensen Massen an Menschen, Waffen, Ausrüstungsmaterial, Verpflegung usw. gezeigt. Über die großen Entfernungen hinweg wurden die Massentransporte im Allgemeinen von der Eisenbahn bewältigt. Im rückwärtigen Gebiet der Front und für die Kriegswirtschaft im Reich war indes der Lastkraftwagen von größter Wichtigkeit. Der Erste Weltkrieg, die außerordentlich hohen Kosten der Demobilisierung und der Reparationen an die Siegermächte brachten es mit sich, daß die Finanzlage des Deutschen Reiches und der Länder ins Chaotische auszuarten drohte. Dies und die Forderungen nach drastischer Einschränkung der deutschen militärischen Rüstung führten dazu, daß die Reichswehr nur vorsichtig und zögernd an Neubeschaffungen denken konnte. Das Waffenamt stützte sich denn auch in den ersten Jahren ausschließlich auf handelsübliche Typen, die nur wenige zusätzliche Extras hatten, wie z.B. Schützbügel vor dem Kühler, verlängerte Trittbretter zur Aufnahme von Werkzeugkästen und Benzinkanistern. Eine besondere Geländetauglichkeit wurde von den Lastwagen in der frühen Reichswehrzeit nicht erwartet, da sie ohnehin nur innerhalb der deutschen Grenzen eingesetzt wurden. Lkw mit über 5 Tonnen Nutzlast wurden als dienstuntauglich angesehen und daher gar nicht in Erwägung gezogen - das war nicht nur in der deutschen Armee so.

Zu den namhaften Lkw-Herstellern nach dem Ersten Weltkrieg gehörten Benz, Büssing, DAAG, Dürkopp, Krupp, Magirus, MAN, die NAG. Sie bauten ihr Vertriebsnetz nach 1919 national aus und richteten in den größeren deutschen Städten Verkaufsbüros und Werkstätten ein. Es war auch die Zeit der ersten großen Zu-sammenschlüsse und Aquisitionen - nicht vergleichbar freilich mit dem globalen Fusionswahn von heute, bei dem eine hybride Unternehmenspolitik alles vernünftige Maß übersteigt, in der rauschhaften Gier, der Größte sein zu wollen - wobei nicht nur das Unternehmen in die wirtschaftliche Schieflage gerät, sondern auch seine Identität verliert. Die Firmenzusammenschlüsse der zwanziger Jahre hatten primär das Ziel, in Anbetracht der großen Wirtschaftskrise die Unternehmen zu retten, auf nationaler Basis zu kooperieren: Das garantierte immer noch Übersichtlichkeit, Vertrautheit mit den Verhältnissen.

Der Zusammenschluß von Daimler und Benz im Jahre 1926 ging auf die Mercedes- und Benz-Oberen Kissel und von Stauss zurück, die mit der Entwicklung eines neuen Konzepts die Grundlage legten für eine straffe und effektive Organisation mit zweckmäßiger Produktionsauffächerung:

Demnach war die Pkw-Produktion für das Stammwerk Stuttgart-Untertürkheim geplant, der Karosseriebau (Pkw und Omnibusse) für Sindelfingen, die Fertigung der LKW- und Omnibus-Fahrgestelle für das Zweigwerk Gaggenau. In der Produktionsstätte Berlin-Marienfelde wurde die Lkw-Fertigung vorläufig eingestellt. Infolge der enormen Produktionsausweitung nach 1933 wurde in Marienfelde die Lkw-Montage jedoch wieder aufgenommen. Mit dem Aufbau der neuen Wehrmacht ab 1935 wurden dort überwiegend Lkw für das Heer und Flugzeugmotoren hergestellt. Im Werk Mannheim, in dem nach den Plänen Kissels nur die Produktion von Bauteilen verbleiben sollte, wurden ab 1937 die leichteren Lkw bis drei Tonnen gebaut, weil sich rasch gezeigt hatte, daß infolge der allgemeinen Motorisierung nach 1933 die Kapazitäten in Gaggenau längst nicht ausreichten.

Nach der Fusion von Daimler und Benz konzipierten die Stuttgarter Konstrukteure ein völlig neues Nutzfahrzeugprogramm. Die Vielfalt der neuen Modelle unter dem neuen Namen Mercedes-Benz reichte 1927 von einer bis zu fünf Tonnen, 1928 wurde das Programm noch um einen 8,5 Tonnen-Schwerlastwagen nach oben erweitert.

Fünf Tonnen waren aber eine fast magische Grenze, da kraft Gesetz in den zwanziger Jahren Lastwagen mit zwei Achsen höchstens eine Nutzlast von fünf Tonnen haben durften. Ohnehin interessierten sich damals wegen der schlechten Straßen und der Dominanz der Deutschen Reichsbahn nur wenige Spediteure für den Fernverkehr. Kleineren und mittleren Lastern wurden also der Vorzug gegeben.

In den zwanziger Jahren experimentierten einige Hersteller mit Halbkettenfahrzeugen. Die abenteuerlichen Fahrten durch die Sahara und Asien waren außerordentlich publikumswirksam und lenkten das Interesse der Öffentlichkeit auf Fahrer und Firmen. Berühmt wurde der Konstrukteur Adolphe Kégresse, als er mit seinem Citroen-Halbketten-Lkw die Sahara und die Gobi durchquerte. 1925 machten die Bielefelder Dürkoppwerke mit einem Halbketten-Lkw von sich reden.

Ende der zwanziger Jahre interessierte sich in immer größerem Maß die Reichswehr für Halbkettenfahrzeuge, die als Zugmaschinen für Geschütze geeignet schienen und sich in unwegsamen Gelände bewährten. Da Dürkopp während der Weltwirtschaftskrise 1929 den Bau von Kraftfahrzeugen einstellen mußte, konzentrierte sich von nun ab die in München ansässige Firma Maffei auf die Konstruktion und den Bau von Zugmaschinen und Lastwagen mit Kettenfahrwerk. Maffei, später Krauss-Maffei, arbeitete mit dem Heereswaffenamt zusammen und lieferte etliche Zugkraftwagen mit Kettenantrieb an die Reichswehr, später an die Wehrmacht. Die Baureihe KM 8 wurde von Büssing-NAG und Daimler-Benz nachgebaut. Ein von Krauss-Maffei vorbereitetes, dann von Büssing-NAG übernommenes Projekt war der Kettenschlepper mit der Typenbezeichnung BN I 5, der dann ebenfalls von Daimler-Benz nachgebaut wurde.

Halbkettenfahrzeuge dienten hautsächlich als Zugwagen für die Artillerie; Lastwagen mit Kettenlaufwerk waren indessen im 2. Weltkrieg als Versorgungsfahrzeuge für Fronttruppen während der Schlammperiode in Rußland gedacht. Lkw vom Typ "Maultier" gab es von Margirus (3 Tonnen), Opel (3 Tonnen), Ford (3 Tonnen) und Mercedes (4,5 Tonnen). Die "Maultiere" bewegten sich nur langsam; die Höchstgeschwindigkeit lag bei 35 Kilometern pro Stunde. Um die Laufwerke zu schonen, wurde meist noch langsamer gefahren. Bei dem chronischen Fahrzeugmangel der Wehrmacht wurden die "Maultiere" allerdings nicht, wie beabsichtigt, für den Einsatz im russischen Schlamm aufgespart, sondern bei allen möglichen anderen Transportaufgaben verbraucht.

Mitte der zwanziger Jahre erkannten auch viele Hersteller die Vorteile des Dreiachskraftwagens: Die mittelschweren geländegängigen Dreiachslastwagen mit zwei angetriebenen Hinterachsen eigneten sich besonders gut zum Schleppen schwerer Lasten auf der Straße als auch im Gelände. Sie vereinigten somit die Vorteile des Lastkraftwagens mit denen der Zugmaschinen. Die Achslastverteilung war im Allgemeinen so vorgesehen: vorn 20 %, Mitte und hinten jeweils 40 %. Die hohe Übersetzung des Getriebes erhöhte die Motorzugkraft auf mehr als das doppelte eines normalen Lastwagens, sodaß sowohl hohe Geschwindigkeit auf den Straßen als auch hohe Zugkraft bei schweren Lasten ermöglicht wurde. Durch die Verwendung besonders griffiger und elastischer Bereifung auf den zwillingsbereiften Antriebsachsen konnte das Einsinken oder Eingraben verhindert werden. Mit angelegten Geländeketten hat der Dreiachswagen annähernd die Zugkraft einer Zugmaschine. Mit dem Einbau einer Spilleinrichtung ergeben sich weitere Vorteile: Das Fahrzeug kann mit eigener Kraft herausgezogen werden, wenn es im Schlamm steckengeblieben ist; es können schwere Lasten, z.B. auch andere Fahrzeuge, auf steile Hänge gezogen werden. Ein Ausgleich an der Hinterachse sorgt im übrigen dafür, daß der Druck auf die Antriebsachsen gleichmäßig verteilt ist und das Rutschen der Räder im Morast verhindert wird.

Bei Daimler Benz begann 1928 die Serienfertigung des Dreiachslastwagen G 3 mit Sechszylinder-Ottomotor (60 PS), er wurde ein Jahr später vom verbesserten Typ G 3 a abgelöst, von dem bis 1934 immerhin rund 2000 Stück in Stuttgart-Untertürkheim und Berlin-Marienfelde hergestellt wurden. Ein Großteil davon bekam den geschlossenen Aufbau der Funkwagen für die Nachrichtentruppe; in großer Stückzahl gab es außerdem den Pritschenwagen mit Plane. Der G 3 a hatte einen stärkeren Motor (3,7 Liter, 68 PS) und 1,5 Tonnen Nutzlast. Die Höchstgeschwindigkeit betrug 65 Kilometer pro Stunde. Der Benzinverbrauch war erschreckend: 27 Liter im Straßenverkehr, 35 Liter im Gelände. Der Mercedes G 3 a wurde bis 1935 gebaut. Eingesetzt wurden diese Wagen hauptsächlich bei Pionier-, Fernsprech- und Nachrichtentruppen, als Funk- und Mannschaftswagen.

Neben diesen leichten geländegängigen Dreiachslastkraftwagen (6 x 4) gab es noch eine mittlere Gruppe mit höherer Nutzlast (3 Tonnen). Zu diesem gehörte der Mercedes LG 3000, der von 1937 bis '38 in einer Stückzahl von etwa 7000 in Gaggenau, Berlin-Marienfelde und Stuttgart-Untertürkheim gebaut wurde. Der Sechszylinder-Motor (7,4 Liter Hubraum) leistete 95 PS. Der Kraftstoffverbrauch (Diesel) lag zwischen 30 (Straßenfahrt) und 45 Litern (Gelände).

Der Lastwagenbau nahm nach 1933 einen rasanten Aufschwung. Nicht, weil - wie man monoton wiederholt und stupid behauptet - die Aufrüstung nach Lastwagen verlangte und diese ausschließlich zu Kriegszwecken gebaut wurden, sondern weil der allgemeine Aufschwung, das "Wirtschaftswunder" der dreißiger Jahre, Mobilität voraussetzte und deshalb Bedarf an modernen Transportmitteln bestand. 1938 wurden 57 659 Last- und Lieferwagen gebaut und dies entsprach einer Produktionssteigerung von rund 80 % in den vergangenen fünf Jahren. Mit etwa 25 % fiel der Hauptanteil auf Zwei- bis Dreitonner. Diese Größenklasse war in der Wirtschaft am meisten begehrt, da der Nahverkehr, der Zubringerdienst noch dominierte. Mit 21,7 % folgten dann die Drei- bis

Viertonner, dicht gefolgt von den Ein- bis Zweitonnern, deren Anteil 20 % betrug. Man sieht daran die Vormachtstellung der leichteren und mittleren Lastwagen, wenn man von der großen Zahl der Lieferwagen bis einer Tonne (etwa ein Viertel Produktionsanteil) einmal absieht. Der verbleibende Rest der Fünf- bis Siebeneinhalbtonner mit 3,4 % und die Fahrzeuge mit mehr Nutzlast (0,3 %) kam hauptsächlich im Ferntransport zum Einsatz. Durch das wachsende Netz der Reichsautobahn befand sich allerdings der Fernverkehr mit schweren Lastzügen im Aufschwung.

Die Verringerung der Typenzahl bedeutete für die Hersteller eine Konzentration auf die im Bauprogramm verbleibenden Typen und damit eine rationellere Herstellung. Der Aufbau der Wehrmacht ab 1935 und damit die Aufstellung moderner und schneller motorisierter Verbände vergrößerte natürlich auch die Nachfrage nach geländetauglichen Lastkraftwagen. Das Ziel war dabei, den heereseigenen Kraftfahrzeugbestand mit wenigen Einheitstypen und standardisierten Fahrzeugreihen auszurüsten, um Reparaturen, Nachschub, Austauschbarkeit von Teilen etc. zu vereinfachen. 1938 wurde beim Heereswaffenamt in Berlin die Dienststelle eines "Generalbevollmächtigten für das Kraftfahrwesen" eingerichtet, zu dessen Aufgaben die Koordinierung der Planung und Konstruktion, die forcierte Rationalisierung der Fertigung und Steigerung der Produktion gehörte. Die mit dem sogenannten "Shell Programm", benannt nach dem Leiter der Dienststelle, dem Oberst Adolf von Schell, vorangetriebene Typenbeschränkung klassifizierte die Fahrzeuge nach "geländefähig" und "geländegängig", wobei letztere mit Allradantrieb ausgerüstet waren. Fahrzeuge in Standard-Ausführungen mit konventionellem Hinterradantrieb waren steuerbegünstigt, wenn sie als geländefähig eingestuft wurden.

Der Dieselmotor hatte lange noch nicht die unbestrittene Dominanz im Lkw-Sektor wie heute. Opel und Ford, lange die Marktführer der mittleren Gewichtsklasse, blieben beim Vergasermotor und die anderen zogen zwangsläufig mit. Die ersten Lastwagen mit Diesel brachte das Gaggenauer Benz-Werk 1923/24 auf dem Markt (damals noch unter der üblichen Bezeichnung Rohölmotor). 1924 wurden auch ein Diesel-Lkw aus der Daimler-Fabrikation in Berlin-Marienfelde und ein MAN-Diesel der Öffentlichkeit vorgestellt. Die Resonanz war nicht groß. Erst ab 1927, nachdem Bosch die Einspritzpumpe entwickelt hatte, konnten größere Stückzahlen abgesetzt werden. Bei den Schwerlastern war das Interesse am Diesel wegen dessen großer Wirtschaftlichkeit naturgemäß größer.

Ab 1930 war Daimler-Benz marktführend in diesem Sektor. Die große Wirtschaftlichkeit des Dieselmotors infolge des geringen Kraftstoffverbrauchs und des niedrigen Preises für Schweröle war unanfechtbar. Sein höheres Gewicht und sein höherer Herstellungspreis waren Faktoren, die beim schweren und mittleren Lastwagen nicht ins Gewicht fielen, jedoch bei leichteren Lastwagen von Bedeutung waren. Das war der Grund, weshalb bei Zwei- und Dreitonnern der Vergasermotor bevorzugt wurde. Bei Büssing-NAG, Hansa-Lloyd, Mercedes-Benz und Krupp gab es leichtere Lkw je nach Wunsch mit Diesel- oder Vergasermotor.

Daß der Lkw-Bau traditionell noch von der Starrachse beherrscht war, spricht im übrigen auch gegen die Behauptung, daß die Lastwagenproduktion von vornherein für militärische Zwecke gedacht war, denn abseits befestigter Straßen war diese Konstruktion ziemlich hilflos. Den besonderen Strapazen in Rußland, vor allem während der Schlammperioden, waren deutsche Autos des-

halb auch nicht gewachsen. Im Allgemeinen kam der Lkw aber auch in Deutschland nicht nur dort zum Einsatz, wo gute Straßen waren. In der Land- und Forstwirtschaft, im Baugewerbe usw. mußte er auf schlechten Wald- und Feldwegen, durch Sandgruben und ähnliche Geländeverhältnisse seine Dienste tun. Diesen Bedürfnissen Rechnung tragend, sind bei einigen Herstellern (Magirus, Mercedes, Opel) Lkw mittlerer Zuladung entwickelt worden, die - obwohl Starrachser - durch weitgehende Verdrehbarkeit ihrer Achsen eine sehr gute Geländeanpassungsfähigkeit gestatteten. Beim Reichsarbeitsdienst kamen solche Lastwagen zum Einsatz; sie wurden später von der Wehrmacht übernommen.

Spezielle Geländewagen für militärische Zwecke wurden von allen deutschen Firmen entwickelt. Die Reichswehr favorisierte den Bau von mittelschweren Dreiachs-Gelände-Lkw, nachdem man damit in langen Versuchen gute Erfahrungen gemacht hatte. Mercedes-Benz baute in dieser Spezies den LG 3000 von 1935 bis '38 in einer Stückzahl von knapp 7500, von denen aber nur ein Teil an die Wehrmacht ging. Größere Verbreitung fand der Henschel Typ 33 D 1, da die Wehrmacht ihm als Einheitstyp den Vorzug gab.

Die größte Bedeutung hatten bei der Wehrmacht die Dreitonner-Lastwagen. Wenig zufrieden war man mit dem Mercedes L 3000 und dem Ford V 8. Passabel waren die Dreitonner von Borgward und MAN; als sehr zuverlässig erwies sich der S 3000 von Klöckner-Deutz-Margirus. Am besten hat sich allerdings in dieser Klasse der Opel Blitz bewährt, sodaß dessen Produktion absoluten Vorrang hatte. Mercedes-Benz mußte nach Anweisung des Rüstungsministeriums im Werk Mannheim deshalb die Fertigung des L 3000 einstellen und dort ab Mitte Juli 1944 den Opel Blitz bauen. Die Umstellung kam gerade noch rechtzeitig, denn am 6. August wurde das Opel-Werk in Brandenburg, wo der "Blitz" vom Band lief, durch einen Luftangriff total vernichtet, sodaß an eine Wiederaufnahme der Produktion dort gar nicht zu denken war. Opel-Blitz-Laster aus der Mercedes-Produktion sind leicht an dem eckigen Einheitsfahrerhaus aus Holz zu erkennen.

Lastwagen der 4,5 Tonnen Klasse hatten während des Krieges eine geringe Bedeutung. Die meistgebauten Typen waren der Büssing-NAG und der Mercedes L 4500 S/A. Als S-Typen wurden die Standard-Ausführungen mit einfachem Hinterradantrieb bezeichnet, während die Bezeichnung A auf die Allrad Version hinweist. Der Urahn des Mercedes L 4500 ist der L 3750 von 1937, mit dem

Daimler-Benz den Übergang vollzog von der Holzrahmenbauweise zu einem ganz aus Stahlblech gefertigten, modern geformten, etwas rundlichen Fahrerhaus. 1939 stellte man dann den L 4500 mit höherer Nutzlast vor, dessen Serienproduktion freilich erst 1941 begann, weil die konstruktive Weiterentwicklung, die jetzt natürlich auch die kriegsbedingt notwendig gewordenen militärischen Anforderungen berücksichtigen mußte, noch zwei Jahre in Anspruch nahm. Nun hatte man u.a. das Fahrwerk höher gesetzt und die Frontpartie stilistisch modernisiert. Aus unerfindlichen Gründen wurde die Motorleistung von 120 auf 112 PS reduziert. 1941 kam auch die Allrad-Ausführung hinzu, die natürlich ausschließlich für die Wehrmacht gebaut wurde. Eine Version mit Holzgasgenerator, die ebenfalls ab 1941 im Bauprogramm war, war für Fahrzeuge vorgesehen, die zu kriegswirtschaftlichen Dienten im Reichsgebiet eingesetzt waren. Die oberhalb der L 4500 angesiedelten Mercedes L 6500 und L 10000 wurden 1941 aus Gründen der kriegswirtschaftlichen Rationalisierung eingestellt. Während also die imposanten Schwerlastwagen von Mercedes-Benz dem Shell-Programm zum Opfer fielen, wurde der L 4500 S bzw. A bis 1945 (und selbstverständlich danach) weitergebaut. Etwa 11 000 Stück wurden bis Kriegsende davon in Gaggenau gebaut, wobei auf den L 4500 S 3167 Exemplare fallen, auf die Allrad-Ausführung 2403. Etwa 250 Mercedes L 4500 A wurden außerdem im Wiener Saurer Werk gefertigt. Auf den L 4500 R mit Raupenantrieb, das sogenannte "Maultier", entfallen 1486 und auf den L 4500 S mit Holzvergaser 1214 Stück. Auch Feuerwehren wurden reichlich mit Mercedes 4500 beliefert: insgesamt 2329 Exemplare, davon 308 mit Allrad. Hatte sich der Mercedes L 4500 schon im Krieg hervorragend bei alles ihm zugedachten Aufgaben bewährt, seine eigentliche Zeit kam erst danach als "Wiederaufbauhelfer".

Die meisten der an die Wehrmacht ausgelieferten Lastwagen waren Pritschenwagen. Sie wurden bei den verschiedenen Nachschubdiensten eingesetzt (für Waffen, Munition, Gerätschaften, Ausrüstung, Kraftstoff, Verpflegung, Sanitäts- und Veterinärmaterial), bei Instandsetzungseinheiten (als Werkstattwagen, in Werkstattzügen), zur Einrichtung von Abgabestellen, Lagern, Tankstellen usw. Der Einsatz erfolgte natürlich auch bei den technischen Truppen (Nachrichten-, Eisenbahn-, Pionier-, Straßenbau-, Kraftfahrtruppen usw.), außerdem bei der Feldpost und bei Ordnungstruppen. Funkwagen hatten meist einen Kofferaufbau.

Bild oben: Mercedes LG 2000 Versuchswagen, 1937/38, Dieselmotor (70 PS), 2000 kg, Geländelastwagen mit seitlichen Stützrädern (drehbar) gegen Aufsetzer.
Bilder unten: Mercedes 1100 E,, Heereskrankenwagen mit Sechszylinder-Vergasermotor (45 PS).

Dieser ältere L 3000 wurde von der Legion Condor im Spanischen Bürgerkrieg eingesetzt (Kennzeichen LC 202 68). Fahrgestell-Nr. 3059/11416, nach Angaben Bundesarchiv.

Ein älteres Semester war auch dieser Mercedes L 2000. Er stammt aus Privatbesitz und hat noch die zivile Zulassung von Berlin.

Scharf bewacht wird dieser Kübelwagen L 2000 einer Polizeieinheit im Osten.

Mercedes LG 4000, Versuchswagen 1937/39, Sechszylindermotor, 95 PS bei 2000 U/min, 50 km/h, Straße 3700 kg, Gelände 2700 kg, Geländelastwagen mit Hilfsrädern am Bug gegen Aufsetzer.

Lautsprecherwagen der Deutschen Reichspost, gebaut von der Karosseriefabrik Luchterhand & Freytag auf dem Fahrgestell eines Mercedes LG 3000.

Mercedes Benz G 3 a, 3,7 Liter Hubraum, 68 PS bei 2900 U/min, Vergasermotor, 65 km/h, Nutzlast im Gelände 1500 kg.
Das untere Bild zeigt ein Versuchsfahrzeug mit provisorischen Holzaufbau.

Typ G 3 a im Dienst der Deutschen Reichsbahn.

G 3 a mit Kofferaufbau bei der Reichswehr.

Foto oben und unten: Man sieht deutlich den geschwungenen Schutzbügel des G 3 a vor dem Kühler.

Luftfahrtnachrichten werden verteilt.

G 3 a als Funkwagen mit Besatzung.

Ein G 3 a mit Unfallschaden.

G 3 a als Funkwagen.

Als Nachfolger des G 3 a kann man den
Mercedes LG 3000 sehen: Sechszylinder
Dieselmotor mit 7,4 Liter Hubraum, 95 PS,
Nutzlast Straße 3000 kg, im Gelände 2000
kg, Verbrauch Straße 30 Liter, im Gelände
ca. 45 Liter, Bauzeit 1935 bis '38.
Oben und in der Mitte ein Fahrzeug der
Luftwaffe, unten: LG 3000 in Pantschewo
(Jugoslawien), Ostern 1941 (Balkan-
feldzug).

Die Bilder auf dieser Seite zeigen einen LG 3000 als Kfz 384 (Flugbenzintankwagen). Auf dem oberen Bild ein Wagen der Legion Condor.

Ein Funkmast-Kraftwagen (Kfz 301) Mercedes LG 3000.

Dieser G 3 a der Luftwaffe wurde 1940 in Frankreich aufgenommen.

Mercedes LG 3000 auf einer Landstraße in Polen 1939.

Der Mercedes LG 3000 lief in beträchtlicher Stückzahl bei der Wehrmacht, den Belastungen des Rußlandfeld-
zuges war er aber nicht gewachsen. Bild oben: S-Ausführung (gebaut 1940-44, S=steuerbegünstigt) mit Einheitskofferaufbau vor der Auslieferung auf dem Werkgelände.
Bild unten: L 3000 A mit Allradantrieb (1940-42) und offener Fahrerkabine. Der L 3000 S/A hatte einen
Dieselmotor (4849 ccm, 75 PS bei 2250 U/min).

L 3000 S mit Einheitskofferaufbau der Wehrmacht, 1939-44, 4 Zylinder, 75 PS, 70 km/h.

L 3000 A, Pritschenwagen, 1939-1942, 3000 kg, 4 Zylinder, 75 PS, 70 km/h.

L 3000 A als Bautruppwagen der Deutschen Reichspost.

L 3000 S Hilfsgerätewagen der Deutschen Reichspost.

L 3000 auf einem provisorischen Knüppeldamm in Rußland.

L 3000 A mit aufgesetzten heizbaren Scheiben.

L 3000 A, Versuchsfahrzeug, 1940.

Mercedes-Dreitonner der Deutschen Wehrmacht in Paris 1940.

Mercedes L 3000 der Leibstandarte Adolf Hitler am 20 Juni 1940 in Clermont-Ferrand. Inbesitznahme des Flugplatzes.

Mercedes L 3000 bei freiwilligem und erzwungenem Halt.

Mercedes L 3000 auf einer Rollbahn in der Weite Rußlands.

*Oben: ein L 3000 der älteren Ausführung mit eckigem Fahrerhaus 1933/34. Es gab ihn wahlweise mit Verga-
ser- oder Dieselmotor (65 PS). Unten: L 3000, Bj. 1939.*
Offensichtlich ließen sich die Fahrer zur liebevollen Erinnerung gern vor ihrem treuen Lastwagen fotografieren.

Viele Lastwagen der privaten Industrie, von Handel und Gewerbe wurden bei Kriegsbeginn eingezogen, um den Bedarf der Wehrmacht zu decken. Wie man sieht, wurden die Wagen in der Eile nicht einmal mit den stumpfen Militärfarben getarnt. Interessant ist am Fahrzeug auf dem oberen Foto, daß zwar schon das WL-Kennzeichen der Luftwaffe angebracht wurde, der Zivilanstrich aber nicht überlackiert wurde, außer einer Streichprobe an der Bordwand. Auf beiden Bildern ein L 3000.

Die Bilder auf dieser Seite zeigen einen L 3000 (von 1935/36) mit ungewöhnlich breitem Fahrerhaus (Polizeiaufbau?). Möglicherweise handelt es sich um das gleiche Fahrzeug. Der Mercedes diente einer Pioniereinheit, auf dem obersten Foto hat er noch eine zivile Berliner Zulassung (IA - 23014), dagegen unten das Kennzeichen WH - 330 der Wehrmacht. Der Fahrer steht mit seinem Laster am Rand der Reichsautobahn in Ostpreußen in Richtung Königsberg. Bemerkenswerk ist auch die Pflasterung der Fahrbahn; der Mittelstreifen ist mit schwarzen Basaltsteinen ausgelegt.

Während des Krieges wurden viele Kraftwagen infolge Treibstoffmangels auf Antrieb mit Holzgasgenerator umgerüstet, so auch diese beiden Mercedes Lastwagen L 3000.

Mercedes L 3000 vor einem alten Bahnhofsgebäude, das jetzt als Werkstatt genutzt wird. Interessant ist auch die Tarnung an dem ehemaligen Möbelwagen.

Mercedes Benz Typ L 3750 als Mannschaftswagen und Tankwagen, 1937- 1941, 6 Zylinder, 100 PS bei 2000 U/min, 3500 - 4000 kg, 62 km/h.

L 6500 mit Dreiachsanhänger, ein Reichsautobahn-Ferntransportlastzug der Deutschen Reichsbahn, jetzt im Dienst der Wehrmacht. Im militärischen Einsatz waren solche Schwerlastwagen nur ein Notbehelf.

Schwerlastwagen der Provenienz Büssing, Mercedes, Vomag bei der Mobilmachungsübung einer Nachrichtentruppe im Umkreis von Berlin in der Vorkriegszeit.

Der L 3750 einer Baupionier-Einheit mit Betonmischer und Förderband. Um Kraftstoff zu sparen, wurde bis weit in die Nachkriegszeit hinein bei Bedarf mit zwei Anhängern gefahren.

Der 1500 A mit Allradantrieb (Bild oben) wurde von Juni 1941 bis Juli 1943 gebaut (4900 Stück). Eine einfachere Version mit Hinterradantrieb (Bild unten) wurde noch bis Juli 1944 gefertigt (4100 Stück).

Mercedes 1500 S. Der kurze Aufenthalt mit Brotzeit wird schnell für ein Erinnerungsfoto genutzt.

Der Mercedes 1500 A war ursprünglich als kleiner 1,5-Tonner-LKW vorgesehen. Es gab ihn als Pritschenwagen und als Funkwagen. Er wurde aber fast ausschließlich als Gruppen- und Mannschaftswagen genutzt. Technische Daten: 2,6 Liter Vergasermotor (60 PS bei 3000 U/min), Allradantrieb, zwei Sperrdifferentiale, 85 km/h, Verbrauch: Straße 20 Liter, Gelände 30 Liter, Bodenfreiheit 240 mm, Gewicht 2400 kg.

Rechts: 1500 A an der Spitze einer Kolonne. Der Kompanieführer beobachtet die Straße. Sommer 1942 am Don.

General Hermann Balck in seinem Befehlswagen. Balck war zu der Zeit Kommandeur der Panzergrenadierdivision "Großdeutschland" und besichtigt gerade den Ausbildungsplatz der Division bei Achtyrka (in der Nähe von Charkow).
Der dunkelgraue Mercedes 1500 A wurde zur Tarnung mit gelben Linien überlackiert.

Die Bilder auf dieser Doppelseite zeigen den Mercedes 4500, der sich bei der Wehrmacht und in der Nachkriegszeit als Wiederaufbauhelfer hervorragend bewährte. Es gab ihn in S- und A-Ausführung, mit Kofferaufbau, als Pritschenwagen, Schienenfahrzeug und mit Raupenantrieb ("Maultier"). Angetrieben wurde er von einem Sechszylinder-Dieselmotor (112 PS).
Der abgebildete Pritschenwagen mit Plane hat an der Bordwand Anfahrhilfen zum Unterlegen der Hinterräder für Fahrzeuge, die im Morast steckengeblieben sind.

L 4500 als Schienenfahrzeug und mit Kettenantrieb ("Maultier").

Der Mercedes L 4500 war eigentlich ein formschöner Lastwagen, das war bei der Zivilausführung, die oft in ansprechenden Farben lackiert war, besonders sichtbar. Von der abgemagerten Version, die gegen Kriegsende und in der frühen Nachkriegszeit gebaut wurde, um Material zu sparen, kann man das freilich nicht sagen. Anstelle des runden Fahrerhauses des Originaltyps bekam diese spartanische Ausführung das eckige Einheitsfahrerhaus aus Holz und primitive Kotflügel. Eingespart wurden auch die vordere Stoßstange und die hinteren Radhäuser. Die kleinen Einheitsscheinwerfer bekamen zwecks Rationalisierung der Produktion u.a. der Opel-Blitz, der Ford-Dreitonner, der VW-Kübelwagen und sogar der VW-Käfer. Das obere Bild zeigt den Mercedes L 4500 A mit Allradantrieb.

Blick in den L 4500 mit Einheitsfahrerhaus.

L 4500 A, aufgenommen während des Afrikafeldzugs. Auf den vorderen Kotflügel sitzen Luftraumbeobachter, die nach feindlichen Flugzeugen Ausschau hielten.
Unteres Bild: LKW mit Wasseraufbereitungsanlage.

L 4500 A mit 2 cm-Vierling. Die Räder sind mit Sandsäcken gegen feindlichen Beschuß geschützt.

Opel-Blitz-Nachbau aus dem Werk Mannheim 1942: 3 Tonnen, 3,6 Liter, 6 Zylinder, Vergasermotor, verlänger-
tes Fahrgestell.

Mercedes-Benz L 701, Nachbau des Opel-Blitz in der letzten Kriegsausführung mit Einheitsführerhaus, das es
beim originalen Opel-Blitz nie gab. Gebaut wurde der L 701 von Juli 1944 bis 1949. Mercedes-Benz mußte die
Herstellung des eigenen Dreitonners im April 1944 kriegsbedingt einstellen. Technische Daten: 6 Zylinder,
Vergasermotor, 3,6 Liter, 68 PS, 3000 U/min, Hinterradantrieb, Nutzlast 3300 kg, Verbrauch: 25/35 Liter
Straße/Gebäude.

Mercedes L 3500 aus Beständen der Reichswehr bei einer Demonstration für Holzgasbetrieb.

Auch Linien- und Reisebus-se wurden während des Krieges von der Wehrmacht konfisziert. Auf dem oberen Bild ein ehemaliger Linien-bus der Reichspost, der in Rußland von der Feldpost eingesetzt wurde. Das unterste Bild zeigt einen früheren Reiseomnibus mit Dachrandverglasung und Vorhängen an den Fen-stern, der als Straßensperre genutzt wurde.

11. Inbetriebnahme des Motors

Anlassen:

a) Schaltschlüssel tief einstecken, daß rote Kontrollampe brennt. Knopf 767 581 (Bild 22) für Kraftstoffmenge nach rechts drehen.

b) Glühkerzen durch Drehen des Glüh= und Anlaßschalters 85 9541 auf der Schalttafel auf Stellung 1 anheizen (etwa 1 Minute bei kaltem Motor!). Kontrollfaden darf nur rot glühen.

c) Glüh= und Anlaßschalter längstens ½ Minute auf Stellung 2 drehen, bis der Anlasser den Motor in Schwung gebracht hat.

Springt der Motor nach ½ Minute nicht an, so lasse man eine Pause von mindestens einer Minute eintreten, bevor der Schalter erneut auf Stellung 2 gedreht wird; während der Pause lasse man den Schalter auf Stellung 1, d. h. die Glühkerzen bleiben eingeschaltet.

d) Gleichzeitig mit c) Fußplatte 767 504 ganz durchtreten (größte Kraftstoffmenge geben).

Wenn der Motor läuft, Griff des Glüh= und Anlaßschalters auf Stellung 1 zurückdrehen und noch einige Sekunden weiterglühen, Leerlauf mittels Knopfes 767 581 einregeln.

Bei betriebswarmem Motor brauchen die Glühkerzen nicht lange beheizt zu werden, man drehe den Griff des Glüh= und Anlaßschalters gleich auf Stellung 2.

Nach dem Anlassen fahre man nicht gleich los, sondern lasse den Ölvorrat durch langsamen Leerlauf des Motors warm werden, bis der Druckmesser normalen Druck anzeigt.

An Frosttagen setze man dem dickflüssigen Sommeröl im Kurbel= gehäuse rechtzeitig dünnflüssiges Winteröl zu (siehe Seite 36). Wenn irgend möglich, bei größerer Kälte Einstellraum heizen oder wenigstens Raum unter der Haube durch kurzschlußsicheren elektrischen Heiz= körper, Glühstein oder katalytisches Heizöfchen warmhalten, dabei Haube und Kühler mit Wolldecken gut zudecken. Ist beides nicht möglich und Motor sehr kalt, dann den Motorblock durch Einfüllen heißen Wassers in den Kühler anwärmen, evtl. erste Füllung, wenn erkaltet, ablassen und nochmals heißes Wasser nachgießen. Wer einen völlig durchfrorenen Motor ohne Erwärmung des Öles mit dem An= lasser in Gang zu bringen versucht und dabei Schäden an Anlasser, Batterien, Lagern erlebt, hat die Folgen sich selbst zuzuschreiben. Ins= besondere darf bei Kälte nach dem Anlaufen des Motors keines= falls weggefahren werden, bevor der Ölvorrat durch langsamen Leerlauf des Motors erwärmt worden ist und der Öldruckmesser normalen Druck anzeigt.

Weitere Handgriffe wie im Sommer, jedoch Glühkerzen bis zu 2 Minuten anheizen! (Auf die Uhr sehen!)

Betrieb:

Im Betrieb muß die Leerlauf=Kraftstoffmenge durch den Knopf 767 581 der Belastung und der Temperatur des Motors angepaßt werden, um rauchfreie Verbrennung und klopffreies Arbeiten zu erzielen.

Für den langsamen Leerlauf braucht der heiße Motor weniger Kraft= stoff als der kalte Motor, also: bei heißem Motor Knopf 767 581 mehr nach links drehen.

Abstellen:

Zum Abstellen des Motors wird der Knopf 767 581 so weit nach links gedreht, bis der Motor abstellt. Schaltkastenschlüssel zurück= ziehen oder besser abziehen.

Auszug aus der Betriebsanleitung für den Mercedes-Benz Nutzkraftwagen L 3000 D mit Vierzylinder-Dieselmotor.

Ein Mercedes LG 3000 der ersten Pionierkompanie fährt gerade über eine provisorische Holzbrücke (Division "Das Reich").

Mercedes L 3000 A mit Hebevorrichtung für Schneepflug. Höhenverstellung vom Fahrerhaus manuell über Kette.

Mercedes L 3000 S als Nachrichtenwagen beim Afrika-Korps 1941 - 43. Die Reifen sind gegen Beschuß mit Sandsäcken geschützt.

Die Bilder auf dieser Seite zeigen einen Mercedes L 3000 beim Afrika-Korps.

Die Produktion des Mercedes Dreitonners lief bis April 1944. Die Bilder zeigen den L 3000 beim Einsatz in Afrika.